Gg

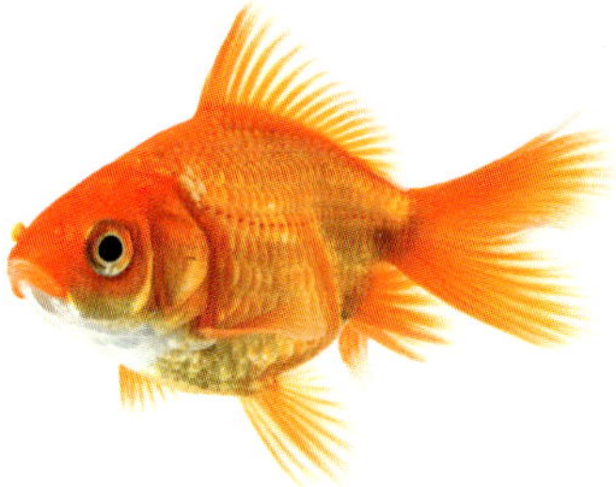

Ransom

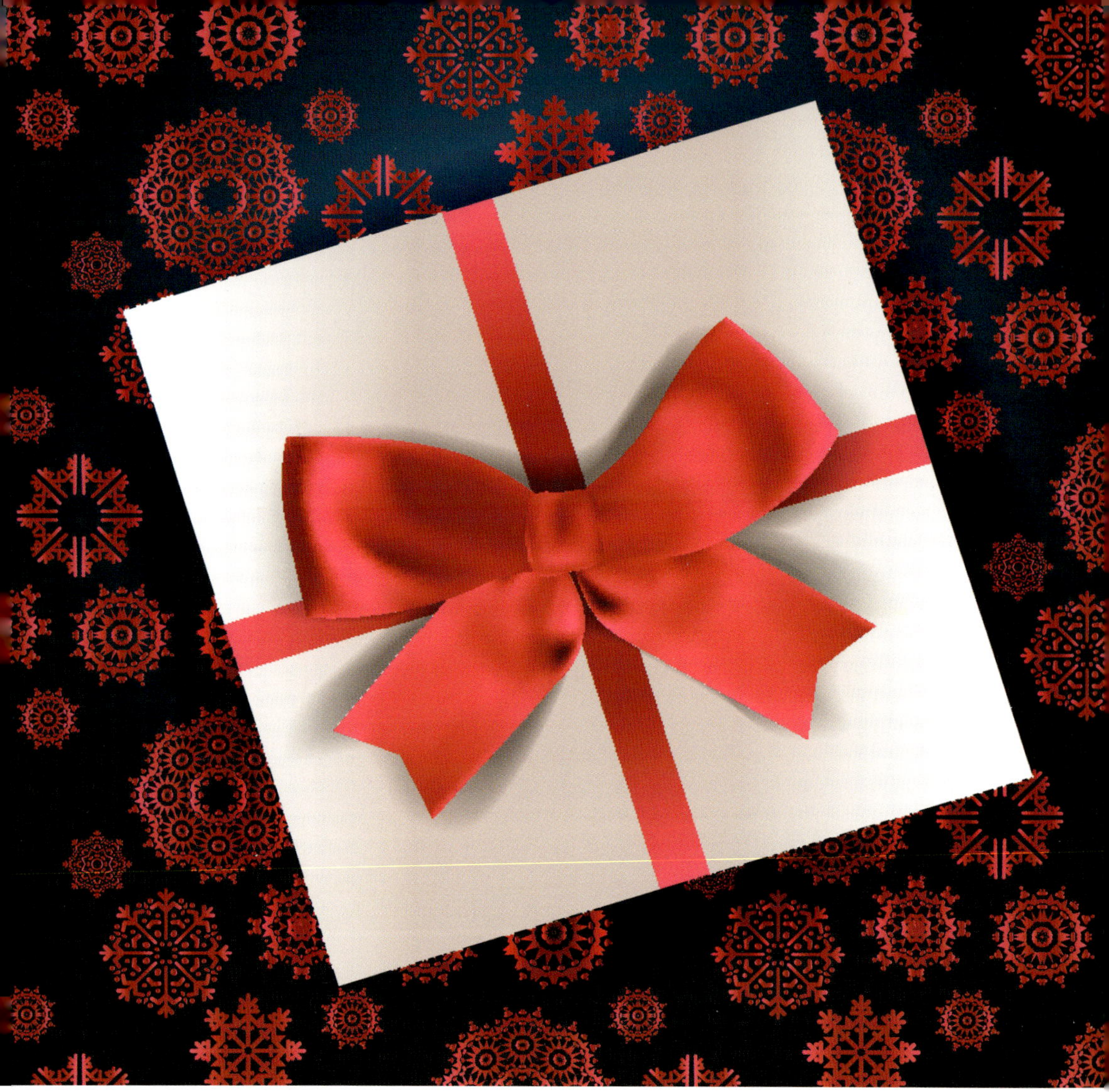

gift

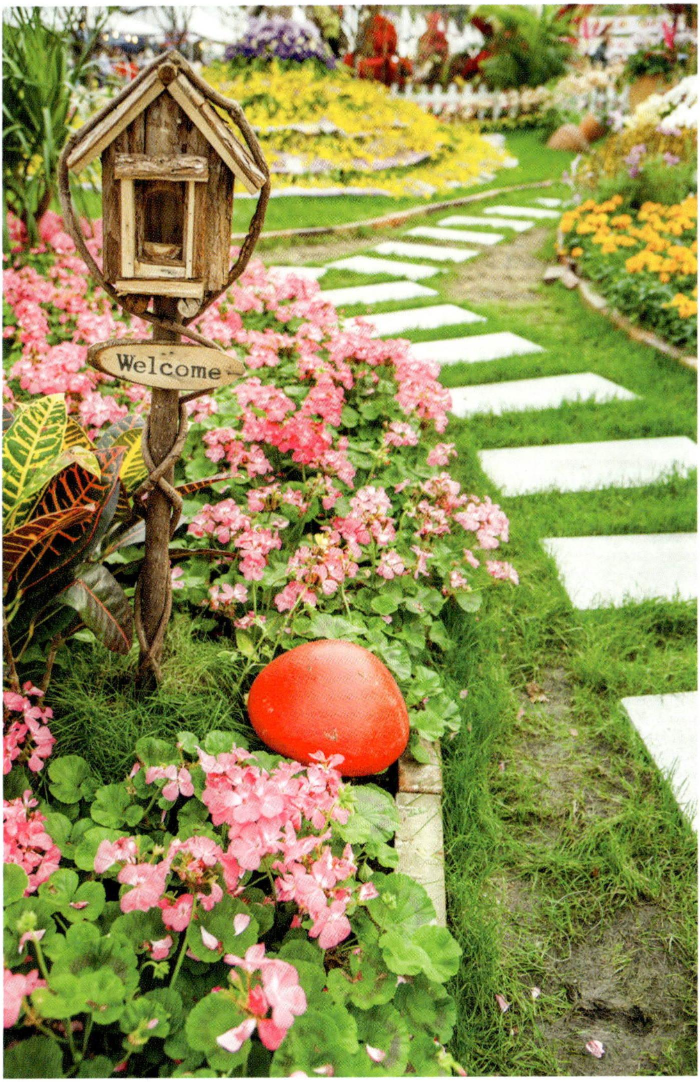

garden

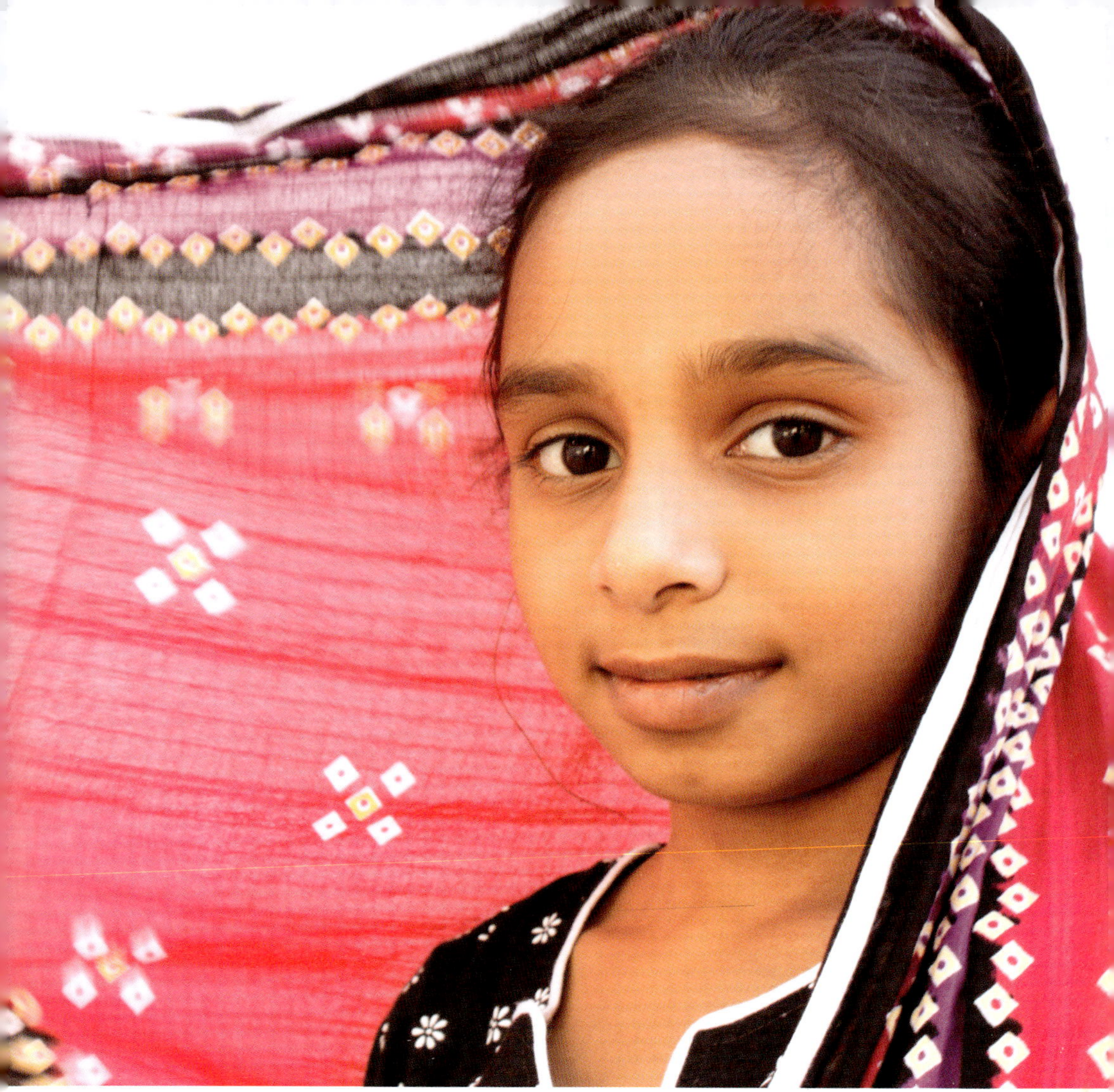

girl

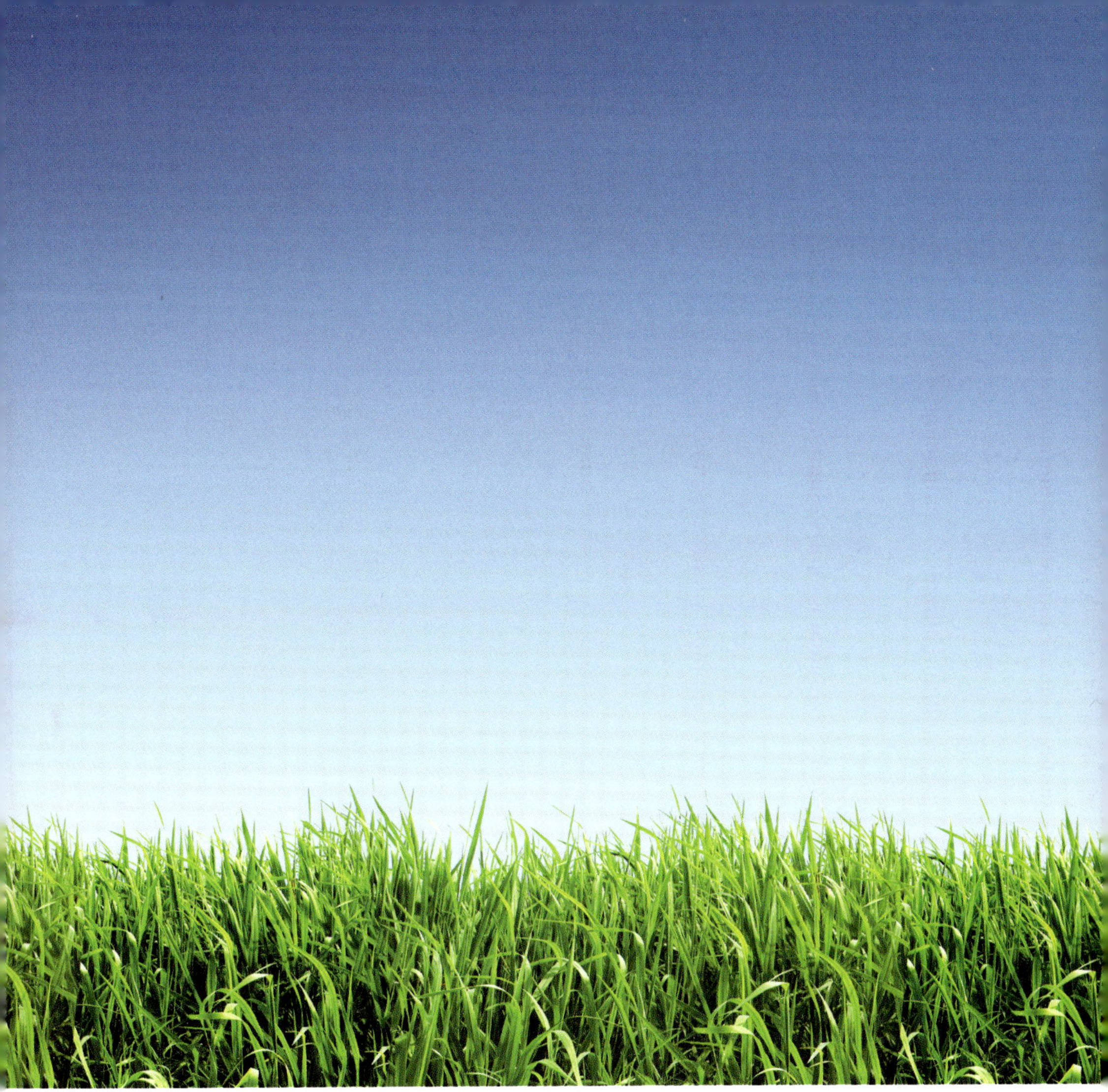

grass

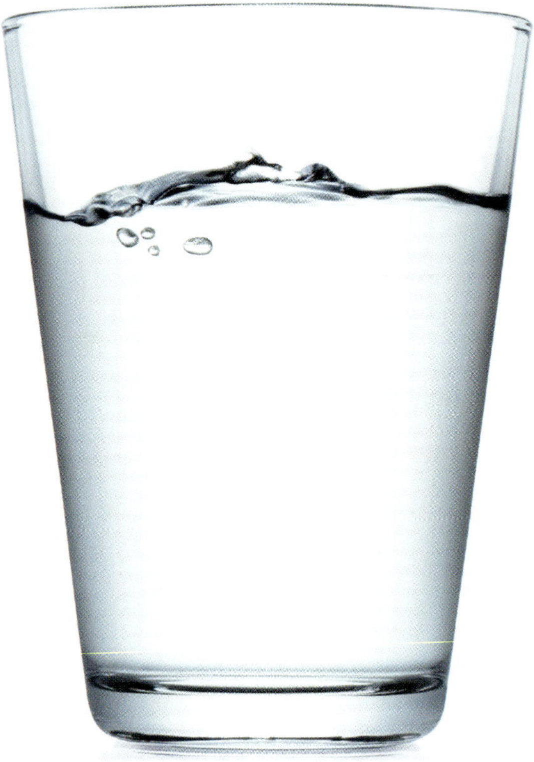

glass

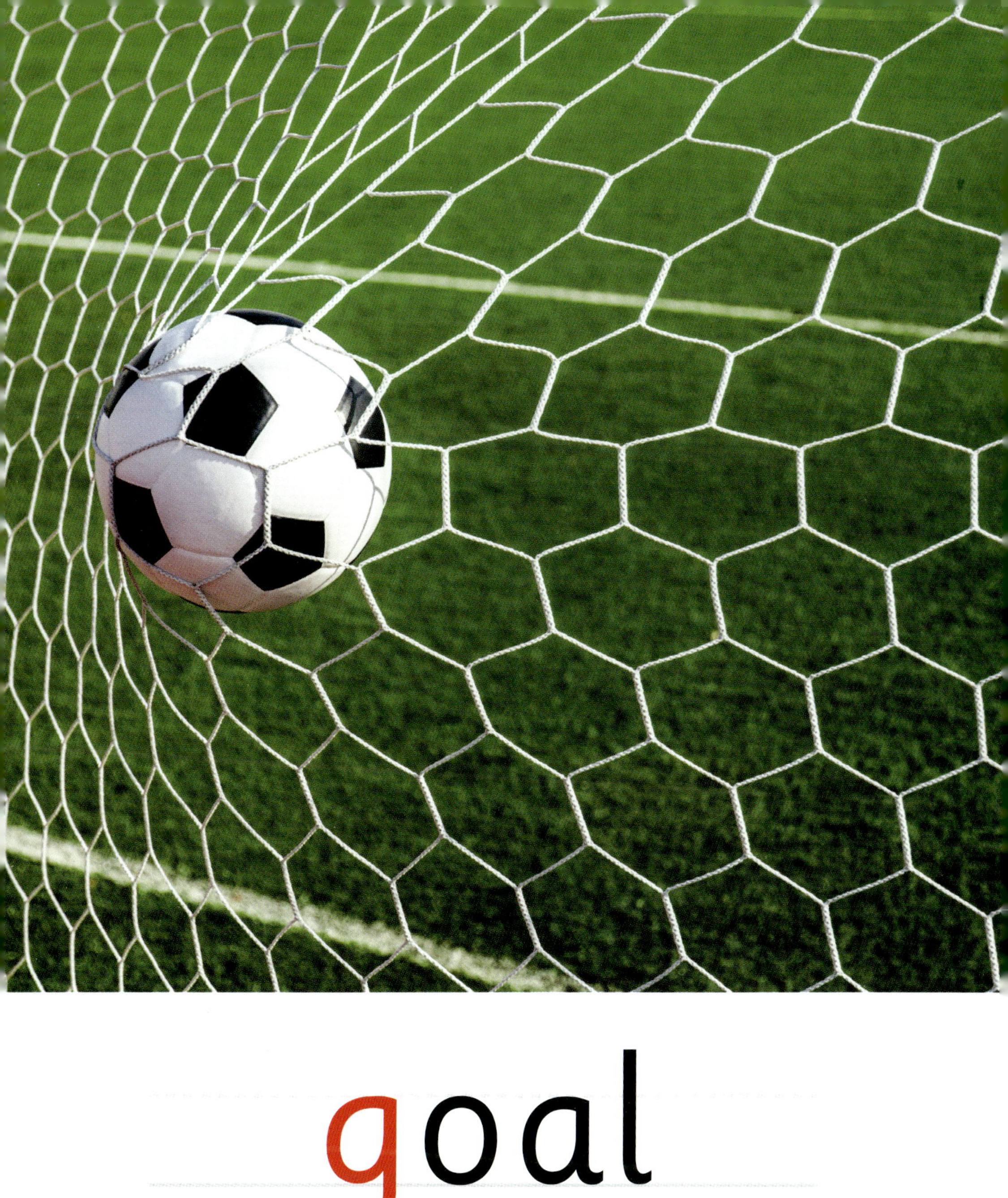

goal

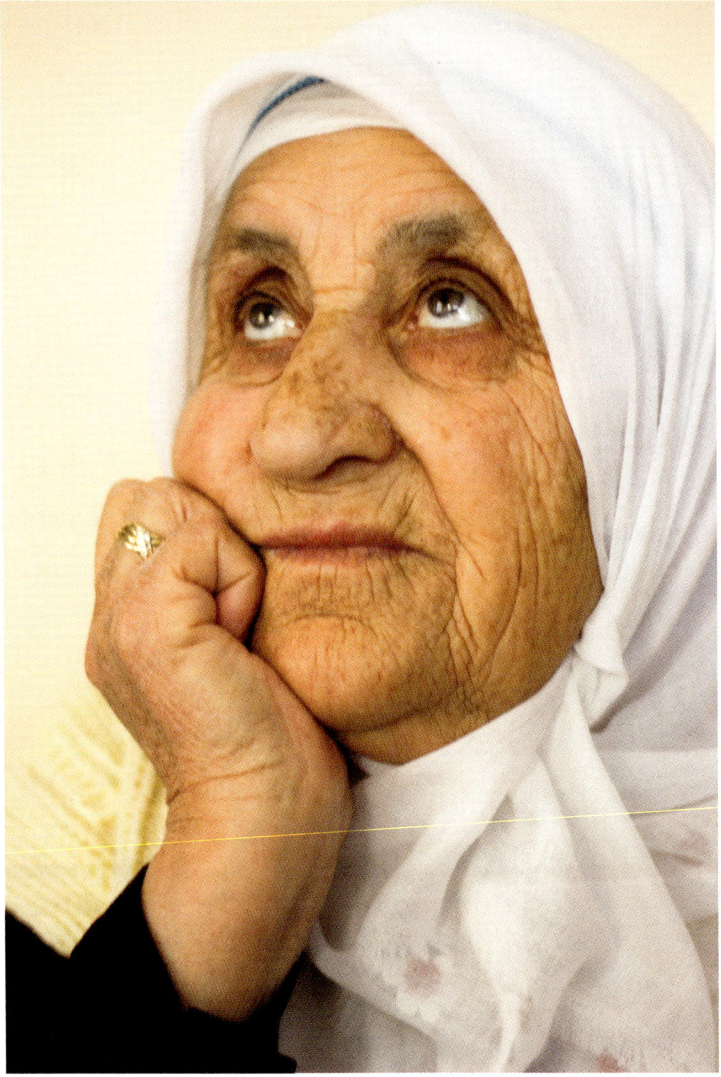

grandma

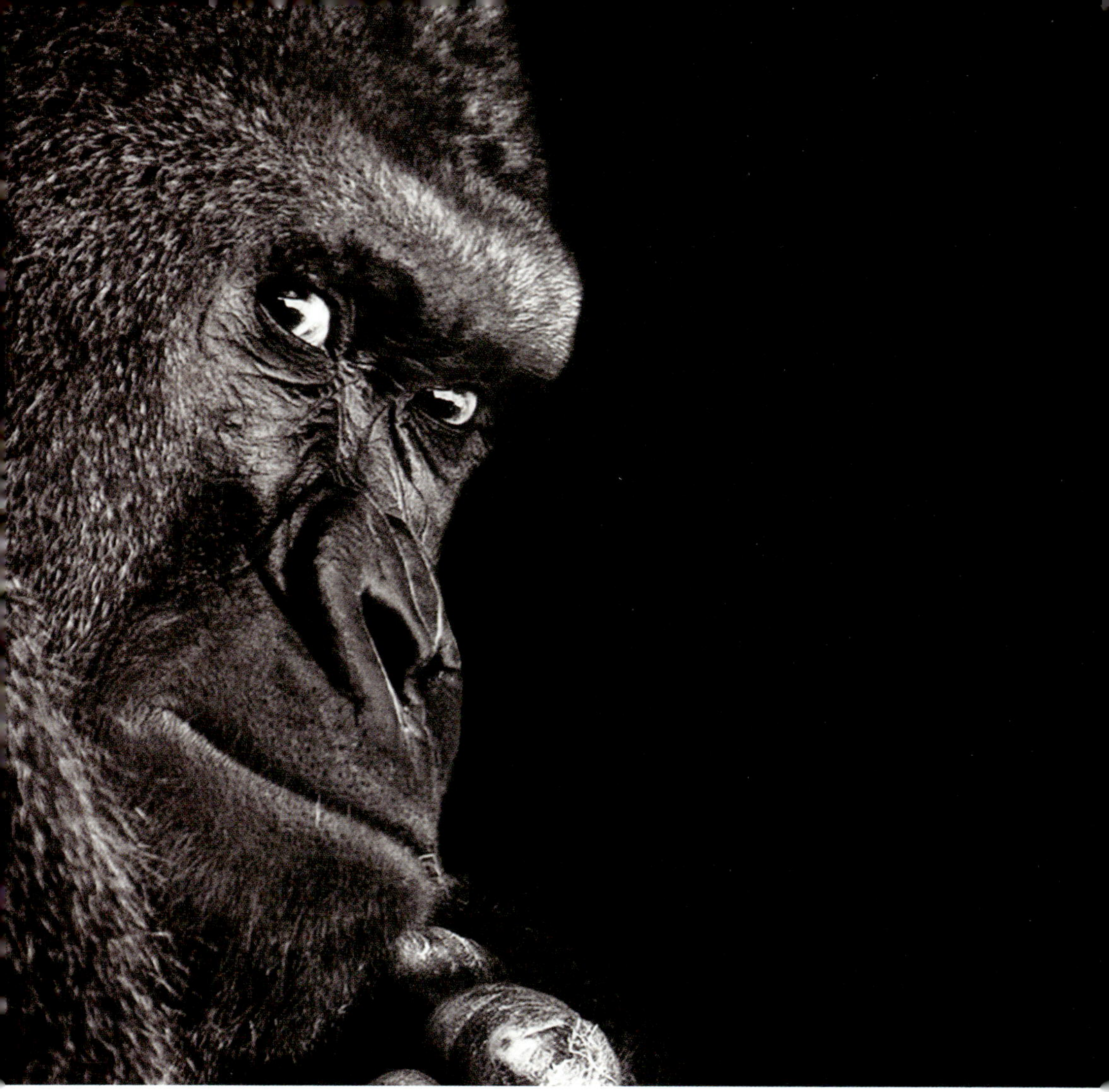

gorilla

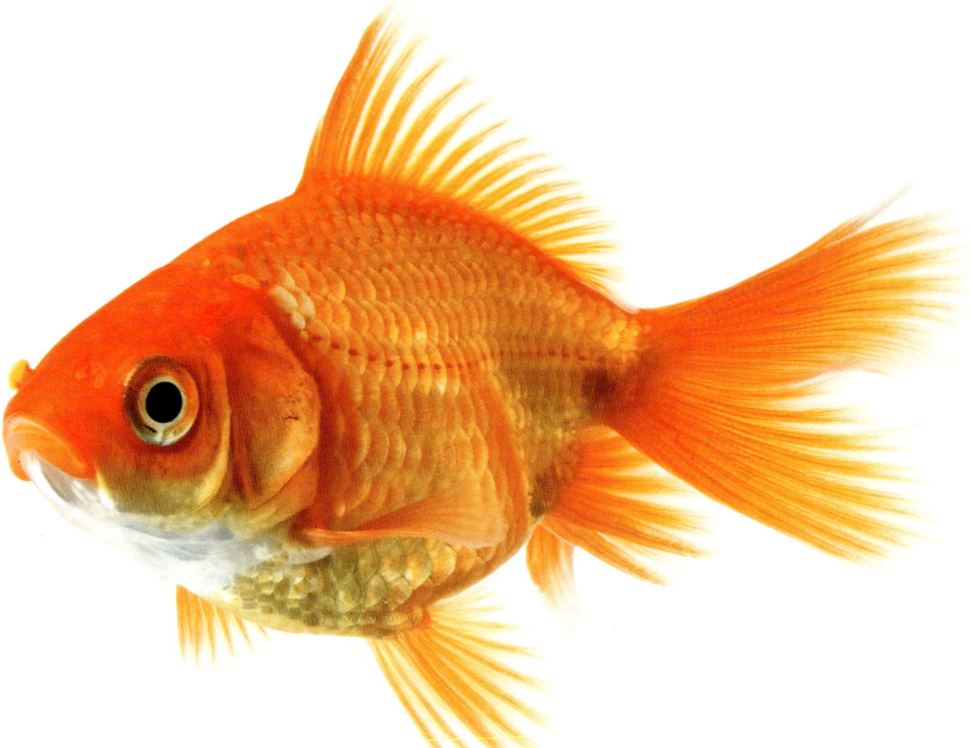

g g g g

g g g g

Gg

gift

garden

girl

grass

glass

goal

grandma

gorilla